Anne Wilson

LIBANESISCHE
Küche

KÖNEMANN

TYPISCHES AUS DER LIBANESISCHEN KÜCHE

Die libanesische Küche erfreut sich heute so großer Beliebtheit, daß Zutaten wie Bulgur und Tahin, die man früher nur in Läden bekam, die Lebensmittel aus dem Nahen Osten führten, heute auch in Supermärkten und Naturkostläden angeboten werden.

Bulgur: Meist durch Dämpfen vorgegarter und geschroteter Weizen. Bulgur muß vor der Verwendung 10 Minuten eingeweicht und gut abgetropft werden. Man kann ihn für Salate wie Tabbouleh oder Fleischköfte verwenden. In einem verschlossenen Behälter hält sich Bulgur an einem dunklen, kühlen Platz bis zu sechs Monaten.

Filo-Teig (Phyllo-Teig): Dieser Teig ist bei uns vor allem in türkischen und griechischen Lebensmittelgeschäften erhältlich. Er ist hauchdünn und wird aus kleberreichem Mehl, Öl und Wasser hergestellt. Da er sehr schnell austrocknet und reißt, muß er mit Klarsichtfolie oder einem feuchten Küchentuch abgedeckt werden.

Hummus: Grundnahrungsmittel im Nahen Osten. Um es zuzubereiten, stellt man aus gegarten Kichererbsen, Zitronensaft, Knoblauch und Olivenöl eine Paste her. In einigen Lebensmittelgeschäften und Supermärkten ist es auch fertig erhältlich. Es wird als Dip oder als Sauce zu Kebab serviert.

Joghurt: Dickes, cremiges Produkt, für dessen Herstellung Milch Bakterienkulturen zugesetzt werden. Joghurt wird im Nahen Osten für zahlreiche Gerichte verwendet und auch als Beilage serviert. Da er Mund und Rachen kühlt, reicht man ihn oft mit gehackter Gurke vermischt nach würzigen Mahlzeiten. Im Kühlschrank hält er sich abgedeckt bis zu zehn Tagen.

Kichererbsen: Blaßgelbe getrocknete Hülsenfrüchte, die ein Grundnahrungsmittel der libanesischen Küche darstellen und für traditionelle Rezepte wie Hummus und Falafel (fritierte würzige Kichererbsenbällchen) verwendet werden. Kichererbsen sollten vor dem Garen mindestens vier Stunden, am besten über Nacht eingeweicht werden.

Koriander: Kraut mit intensivem Geschmack, das man hierzulande frisch vor allem in türkischen Läden bekommt. Seine Blätter sind leuchtend grün und gezahnt. Man bewahrt es im Kühlschrank in einem Wasserglas auf und zieht einen Folienbeutel darüber. Zudem sind ganze oder gemahlene getrocknete Koriandersamen erhältlich. In einem luftdicht verschlossenen Behälter halten sie sich sechs Monate.

Kreuzkümmel: Gewürz mit bitterscharfem Geschmack, das als Samen oder Pulver erhältlich ist. Da Samen ihr Aroma länger bewahren, mahlt man sie am besten bei Bedarf. Sowohl Pulver als auch Samen in einem luftdicht verschlossenen Gefäß aufbewahren.

Linsen: Rote, grüne oder braune Hülsenfrüchte, die eine Stunde köcheln müssen, bis sie weich sind. Für Suppe gart man sie aber so lange, bis sie zerfallen oder püriert werden können. Sie sollten in luftdicht verschlossenen Behältern aufbewahrt werden.

Mezze: Begriff im Nahen Osten, der für Vorspeisen verwendet wird. Oft wird eine große Vielfalt an Mezze serviert, mitunter ersetzen sie auch eine Hauptmahlzeit.

Okraschoten: Grüne, mehrkantige Schoten mit spitzem Ende. Im Sommer und Herbst ist das Gemüse frisch im Handel, während anderer Zeiten nimmt man Dosenware. Frische Schoten halten sich im Gemüsefach bis zu zehn Tagen. Als Ersatz können Zucchini oder Kürbis verwendet werden.

Orangenblütenwasser: Wird bei der Destillation frischer Blütenknospen des Orangenbaumes gewonnen. Man verwendet es für Süßigkeiten, Gebäck und Sirup, der zu Pfannkuchen und anderen Desserts des Nahen Ostens gereicht wird. Es ist in Geschäften, die Lebensmittel aus dem Nahen Osten führen, oder Feinkostläden erhältlich.

Pistazien: Kleine grüne Nüsse mit einer harten hellbraunen Schale, die vor dem Essen entfernt werden muß. Pistazien in einem luftdicht verschlossenen Behälter aufbewahren.

Rosenwasser: Verdünntes Rosenöl, das aus duftenden tiefroten Rosen hergestellt wird.
Man verwendet es für Süßigkeiten, Backwaren und Desserts, denen es ein ungewöhnliches, feines Rosenaroma verleiht. Es sollte sparsam benutzt werden.

Tahin: Dicke, bräunliche Paste aus geröstetem und gemahlenem Sesam. Da sich bei längerem Stehen das Öl absetzt, muß Tahin vor Gebrauch gut umgerührt werden.
Man bekommt es in Gläsern in Naturkostläden und gut sortierten Feinkostgeschäften oder Supermärkten.

Schnittflächen mit Salz bestreuen und Auberginen 10 bis 15 Min. stehenlassen.

Auberginen 20 Min. im Backofen garen, dann die Schale abziehen und wegwerfen.

VORSPEISEN (MEZZE) & SUPPEN

Diese köstlichen Gerichte sind so beliebt, daß viele Gäste libanesischer Restaurants nur Mezze bestellen.

Auberginen-Tahin-Dip

Vorbereitungszeit: 20 Min.
Kochzeit: 20 Min.
Für 6–8 Personen

2 kleine Auberginen, längs halbiert
Salz
2 Knoblauchzehen, zerdrückt
2 EL Zitronensaft
1/4 Becher Tahin
1 EL Olivenöl
Salz nach Geschmack
1 EL feingehackte frische Minze

1 Backofen auf 190 °C (Gasherd Stufe 2–3) vorheizen.
2 Schnittflächen der Auberginen mit Salz bestreuen. 10–15 Min. stehenlassen, dann das Salz abspülen und die Auberginen mit Küchenpapier trockentupfen.
3 Auberginen mit der Schnittfläche nach oben auf ein Backblech legen. Etwa 20 Min. im Backofen garen, bis das Fleisch weich ist. Die Schale abziehen und wegwerfen.
4 Auberginenfleisch zusammen mit Knoblauch, Zitronensaft, Tahin und Olivenöl in die Küchenmaschine geben. Das Gerät etwa 30 Sek. laufen lassen, bis ein glattes Püree entstanden ist. Salz nach Geschmack hinzufügen.
5 Mit Minze garnieren und Pitta-Brot dazureichen.
Hinweis: Dieser Dip heißt *Baba Ghannouj* und ist überall im Nahen Osten als Vorspeise sehr beliebt. Tahin ist eine Paste aus geröstetem und gemahlenem Sesam, die in vielen Supermärkten, Bio-Läden und ausländischen Geschäften erhältlich ist.

Auberginen, Knoblauch, Zitronensaft, Tahin und Öl in die Küchenmaschine geben.

Gerät 30 Sek. laufen lassen, um ein glattes Püree herzustellen. Salz zugeben.

Hummus

Der beliebteste Dip im Nahen Osten.

Vorbereitungszeit:
10 Min. + 4 Std. Einweichzeit
Kochzeit:
1 Std.
Für 8–10 Personen

250 g Kichererbsen
750 ml Wasser
60 ml Zitronensaft
60 ml Olivenöl
2 Knoblauchzehen, grobgehackt
2 EL Wasser
1/2 TL Salz
edelsüßer Paprika zum Garnieren

1 Kichererbsen 4 Std. oder über Nacht in Wasser einweichen. Abtropfen lassen und in einen Topf geben. Wasser hinzufügen und zum Kochen bringen. Die Kichererbsen unbedeckt 1 Std. köcheln lassen, dann abtropfen lassen.

2 Kichererbsen, Zitronensaft, Öl, Knoblauch, 2 EL Wasser und Salz in die Küchenmaschine geben und etwa 30 Sek. laufen lassen, bis ein glattes Püree entstanden ist. Mit Paprika bestreut als Dip servieren. Pitta-Brot dazureichen.

TIP

Eine traditionelle Variante ist *Hummus bi Tahini*, für das 3/4 Becher Tahin hinzugefügt wird. Oder man rührt etwas mehr Wasser in den Dip, um eine Sauce für Kebab herzustellen.

Kichererbsen mindestens 4 Std. einweichen, dann abtropfen lassen.

Kichererbsen mit Wasser bedecken. Zum Kochen bringen und 1 Std. köcheln lassen.

Kichererbsen mit Zitronensaft, Olivenöl, Knoblauch und Salz pürieren.

Hummus sollte eine recht glatte Konsistenz haben.

Lammfleischrollen

Vorbereitungszeit: 25 Min.
Kochzeit: 15 – 20 Min.
Ergibt 24 Stück

2 EL Olivenöl
1 Zwiebel, feingehackt
100 g Pinienkerne
500 g gehacktes Lammfleisch
40 g Rosinen, gehackt
1 Becher geriebener Cheddar
2 EL gehackter frischer Koriander
2 EL gehackte frische Minze
1 TL gemahlener Pfeffer
350 g Filo-Teig (siehe Hinweis)
85 g Butter, zerlassen

JOGHURTSAUCE:
1/4 kleine Salatgurke
200 ml Naturjoghurt
1 EL gehackter frischer Koriander

1 Den Backofen auf 190 °C (Gasherd Stufe 3) vorheizen. Ein 28 x 32 cm großes Blech mit Backpapier abdecken.
2 Das Öl in einer schweren Pfanne erhitzen. Zwiebel und Pinienkerne bei mittlerer Hitze 5 Min. goldbraun braten. Das Hackfleisch hinzufügen und 5–10 Min. braten, bis es gut gebräunt und fast die gesamte Flüssigkeit verdampft ist. Während des Bratens größere Hackfleischklumpen mit der Gabel zerkleinern.
3 Das Fleisch von der Kochstelle nehmen und etwas abkühlen lassen. Rosinen, Käse, Koriander, Minze und Pfeffer hineinrühren.
4 Zehn Teigblätter auf die Arbeitsfläche legen und mit einem scharfen Messer oder einer Schere längs in vier Streifen schneiden. Die Streifen mit zerlassener Butter bepinseln und aufeinanderlegen. An ein Ende 1 EL Fleischmischung setzen. Ende und Seiten einschlagen und die Teigblätter aufrollen. Mit übrigem Teig und restlicher Füllung ebenso verfahren.
5 Die Rollen auf das vorbereitete Backblech legen und mit der übrigen Butter bepinseln. 15–20 Min. backen, bis sie goldbraun sind. Warm oder kalt als Partysnack oder Vorspeise servieren. Dazu Joghurtsauce reichen.
6 Zur Herstellung der Joghurtsauce die Gurke schälen und nach Entfernen der Kerne hakken. Mit Joghurt und Koriander mischen.
Hinweis: Teigblätter, die gerade nicht gebraucht werden, mit einem feuchten Tuch abdecken, damit sie nicht austrocknen. Mit dem Teig behutsam umgehen – er ist sehr dünn.

TIP
Diese Rollen können in Alufolie eingepackt bis zu 3 Monaten im Tiefkühlgerät aufbewahrt werden. Großartiger Partysnack, der im voraus zubereitet werden kann.

Zwiebel und Pinienkerne in Öl bei mittlerer Hitze goldbraun braten.

Rosinen, Käse, Koriander, Minze und Pfeffer zu dem gegarten Fleisch geben.

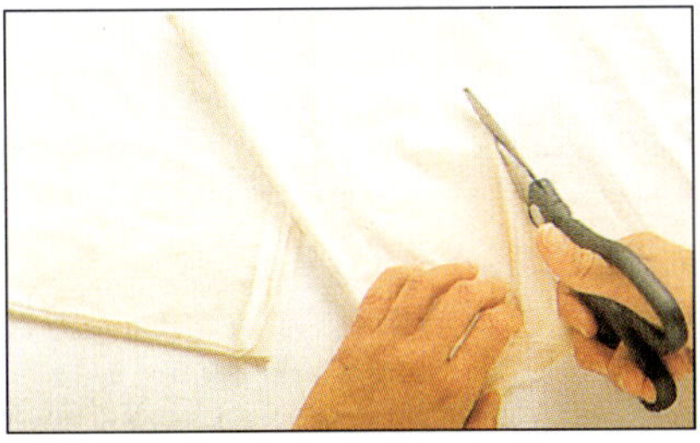

10 Teigblätter längs in vier Streifen schneiden.

Auf das Ende 1 EL Fleischmischung setzen und den Teig aufrollen.

Pikant gefüllte Kohlrouladen

Vorbereitungszeit: 30 Min.
Kochzeit: 20–25 Min.
Für 6 Personen

6 große Weißkohlblätter

FÜLLUNG:
2 TL Olivenöl
4 Frühlingszwiebeln, feingehackt
1 Knoblauchzehe, zerdrückt
2 EL Tomatenmark
90 g Korinthen
2 EL Mandelblättchen
1 TL Kreuzkümmelsamen
1/2 TL gemahlener Zimt
2 EL feingehackte frische Petersilie
300 g gegarter Langkornreis
250 ml Gemüse- oder Hühnerbrühe

JOGHURTSAUCE:
180 ml Naturjoghurt
1 TL gemahlener Kreuzkümmel
1 EL feingehackte frische Minze

1 Backofen auf 190 °C vorheizen. Eine tiefe ofenfeste Form mit zerlassener Butter oder Öl ausfetten.
2 Die Kohlblätter etwa 10 Sek. in kochendem Wasser blanchieren, bis sie weich und biegsam sind. Abtropfen lassen und das harte Ende der Mittelrippe herausschneiden. Die Blätter beiseite stellen.
3 Zur Herstellung der Füllung das Öl in einer großen Pfanne erhitzen. Frühlingszwiebeln und Knoblauch bei mittlerer Hitze 30 Sek. braten. Tomatenmark, Korinthen, Mandeln, Kreuzkümmelsamen, Zimt, Petersilie und Reis zufügen und gut vermischen. Von der Kochstelle nehmen und etwas abkühlen lassen.
4 An den Rand eines Kohlblattes 3 EL Füllung setzen. Das Blatt ordentlich aufrollen, dabei die Ränder einschlagen. Mit übrigen Blättern und restlicher Füllung ebenso verfahren. Kohlrouladen mit der offenen Seite nach unten in die vorbereitete Form legen und mit Brühe übergießen. Mit aufgelegtem Deckel 20–25 Min. im Backofen erhitzen.
5 Für die Joghurtsauce Joghurt, Kreuzkümmel und Minze in einer Schüssel vermischen. Die gefüllten Kohlblätter warm oder kalt mit Joghurtsauce und mit frischen Minze- oder Korianderstengeln garniert servieren.
Hinweis: Die Joghurtsauce erst kurz vor dem Servieren zubereiten.

TIP

Falls sich die Kohlblätter schlecht vom Kopf lösen, den ganzen Kohl 3–4 Min. kochen. Herausnehmen und etwas abkühlen lassen. Die Blätter sollten sich nun leicht trennen lassen. Während des Garens einen Teller umgedreht auf die Kohlrouladen legen, damit sie nicht auseinanderfallen.

Die Kohlblätter 10 Sek. in einem Topf mit kochendem Wasser blanchieren.

Tomatenmark, Korinthen, Mandeln, Kreuzkümmel, Zimt, Petersilie und Reis zugeben.

An den Blattrand etwas Füllung setzen und das Blatt ordentlich aufrollen.

Die gefüllten Kohlrouladen in die Form legen und mit Brühe übergießen.

Falafel mit Tomaten-Relish

Weltweit eines der beliebtesten libanesischen Gerichte.

Vorbereitungszeit: 25 Min. + 30 Min. Ruhezeit + 4 Std. Einweichzeit
Kochzeit: 20–25 Min.
Für 6 Personen

FALAFEL:
500 g Kichererbsen
750 ml Wasser
1 kleine Zwiebel, feingehackt
2 Knoblauchzehen, zerdrückt
2 EL gehackte frische Petersilie
1 EL gehackter frischer Koriander
2 TL gemahlener Kreuzkümmel
1 EL Wasser
1/2 TL Backpulver
Öl zum Fritieren

TOMATEN-RELISH:
2 mittelgroße Tomaten, geschält und gehackt
1/4 kleine Salatgurke, gehackt
1/2 grüne Paprikaschote, gehackt
2 EL gehackte frische Petersilie
1 TL Zucker
2 TL Chilisauce
1/2 TL gemahlener schwarzer Pfeffer
abgeriebene Schale und Saft von 1 unbehandelten Zitrone

1 Zur Herstellung der Falafel Kichererbsen 4 Std. oder über Nacht in Wasser einweichen. Abtropfen lassen und in der Küchenmaschine etwa 30 Sek. pürieren, bis eine feine Paste entstanden ist.
2 Zwiebel, Knoblauch, Petersilie, Koriander, Kreuzkümmel, Wasser und Backpulver hinzufügen und das Gerät noch einmal etwa 10 Sek. laufen lassen, um ein grobes Püree herzustellen. Die Mischung 30 Min. ruhen lassen.
3 Zur Zubereitung des Tomaten-Relish alle Zutaten in einer Schüssel vermischen. Beiseite stellen.
4 Aus je einem gehäuften Teelöffel der Falafel-Mischung ein Bällchen formen, dabei mit den Händen überschüssige Flüssigkeit herausdrücken. In einem tiefen schweren Topf das Fritieröl auf etwa 180 °C erhitzen und die Bällchen auf einem Löffel einzeln behutsam hineinlegen. 3–4 Min. fritieren, dabei den Löffel leicht schütteln, damit sie nicht festkleben. Die gebräunten Bällchen vorsichtig mit dem Schaumlöffel herausheben und auf Küchenpapier sorgfältig abtropfen lassen.
5 Falafel warm oder kalt auf Tomatenrelish oder in Pitta-Brot mit Relish und Hummus servieren.
Hinweis: Wenn die Masse naß ist und sich schlecht formen läßt, ein wenig Mehl zufügen.

Alle Falafel-Zutaten zu den gemahlenen Kichererbsen in die Küchenmaschine geben.

Alle Zutaten für das Tomaten-Relish in eine Schüssel geben und vermischen.

Eßlöffelgroße Portionen Falafel-Masse zu Bällchen formen. Dabei Flüssigkeit herausdrücken.

Gebräunte Falafel aus dem Öl heben und gut abtropfen lassen.

Huhn-Pistazien-Bällchen

Vorbereitungszeit: 10 Min.
Kochzeit: 6 Min.
Ergibt 14 Bällchen

350 g gehacktes Hühnerfleisch
50 g frische Weißbrotkrumen
40 g gehackte Pistazienkerne
1 Ei, verquirlt
1/2 TL gemahlene Kurkuma
1/2 TL gemahlener Zimt
1 TL gemahlener Koriander
60 g Mehl
2 EL Olivenöl
Zitronenspalten zum Servieren

1 Gehacktes Hühnerfleisch, Weißbrotkrumen, Pistazien, Ei und Gewürze in einer Schüssel sorgfältig vermischen.

2 Die Mischung eßlöffelweise mit den Händen zu Bällchen formen und in Mehl rollen, um sie dünn zu überziehen. Überschüssiges Mehl abschütteln.

3 Das Öl in einer schweren Pfanne erhitzen. Die Bällchen portionsweise bei mittelhoher Temperatur braten, bis sie rundum gut gebräunt sind. Auf Küchenpapier abtropfen lassen.

4 Mit Zitronenspalten als Snack oder mit knackigem grünem Salat als Vorspeise servieren.

Die Pistazien schälen – dazu die Schalen mit den Fingern auseinanderdrücken.

Hühnerfleisch, Brotkrumen, gehackte Pistazien, Ei und Gewürze vermischen.

Die Masse eßlöffelweise zu Bällchen formen und diese dünn mit Mehl überziehen.

Die Bällchen portionsweise in heißem Öl braten, bis sie rundum gut gebräunt sind.

Spinat-Linsen-Suppe

Vorbereitungszeit:
10 Min.
Kochzeit:
85 Min.
Für 4–6 Personen

2 Becher braune Linsen
1,5 l Wasser
2 TL Olivenöl
1 mittelgroße Zwiebel, feingehackt
2 Knoblauchzehen, zerdrückt
20 Spinatblätter, entstielt und in feine Streifen geschnitten
1 TL gemahlener Kreuzkümmel
2 EL feingehackter frischer Koriander
1 TL abgeriebene Schale einer unbehandelten Zitrone
500 ml Gemüsebrühe
500 ml Wasser

1 Die Linsen in 1,5 l Wasser 1 Std. köcheln lassen. Abspülen, abtropfen lassen und beiseite stellen. In einem Topf das Öl erhitzen. Zwiebel und Knoblauch bei mittlerer Hitze goldbraun braten. Den Spinat dazugeben und 2 Min. garen.

2 Linsen, Kreuzkümmel, Koriander, abgeriebene Zitronenschale, Brühe und Wasser hinzufügen. Die Zutaten 15 Min. unbedeckt köcheln lassen, dann die Suppe sofort servieren.

Zwiebel und Koriander hacken, Knoblauch zerdrücken, Spinat in Streifen schneiden.

Zwiebel und Knoblauch bei mittlerer Hitze im Olivenöl goldbraun braten.

Den in Streifen geschnittenen Spinat zugeben und 2 Min. garen.

Linsen, Kreuzkümmel, Koriander, Zitronenschale, Brühe und Wasser hinzufügen.

Eingeweichten Bulgur abtropfen lassen und mit einem Löffel gut ausdrücken.

Mit einem scharfen Messer Petersilie und Minze fein hacken.

SALATE, GEMÜSE UND BROT

Der berühmteste libanesische Salat heißt Tabbouleh und ist für ein Falafel-Brötchen unverzichtbar, aber es gibt viele andere Methoden, die Gemüse des Nahen Ostens zuzubereiten.

Tabbouleh

Frisch und herb.

Vorbereitungszeit: 20 Min.
Kochzeit: keine
Für 6–8 Personen

250 g mittelfein geschroteter Bulgur
500 ml Wasser
1 Bund gehackte glattblättrige Petersilie
1 Bund gehackte frische Minze
4 Frühlingszwiebeln, feingehackt
2 mittelgroße Tomaten, feingehackt
2 EL Zitronensaft
1 EL Olivenöl
1 TL gemahlener Pfeffer

1 Den Bulgur 10 Min. im Wasser einweichen. In einem Sieb abtropfen lassen und mit einem Löffelrücken das restliche Wasser herausdrücken.

2 In einer Schüssel Bulgur, Petersilie, Minze, Frühlingszwiebeln, Tomaten, Zitronensaft, Öl und Pfeffer vermischen. Als Vorspeise mit kleinen knackigen Salatblättern schöpfen oder als Beilage zu einem Hauptgericht servieren.

Hinweis: In den Bergen des Libanon werden zum Löffeln des Salates frisch gepflückte junge Weinblätter verwendet.

TIP
Tabbouleh schmeckt mit Fleisch oder Falafel und Hummus in Pitta-Brot großartig. Tabbouleh mit Klarsichtfolie abgedeckt im Kühlschrank aufbewahren.

Tomaten in sehr kleine Würfel schneiden und 2 EL Zitronensaft auspressen.

Alle Zutaten in eine Schüssel geben und sorgfältig durchheben.

Pikanter Kartoffelsalat

Vorbereitungszeit: 15 Min.
Kochzeit: 20 Min.
Für 6 Personen

500 g kleine neue Kartoffeln, halbiert
250 g grüne Bohnen, geputzt und schräg halbiert

DRESSING:
60 ml Olivenöl
2 rote Chillies, entkernt und in Scheiben geschnitten
1 Knoblauchzehe, zerdrückt
1/2 Bund gehackter frischer Koriander
1 EL Rotweinessig
1/2 TL Kümmelsamen

1 Die Kartoffeln in einem großen Topf mit leise köchelndem Wasser etwa 20 Min. garen, sie sollten jedoch fest bleiben. Abtropfen lassen und beiseite stellen. Die Bohnen etwa 2 Min. in kochendem Wasser blanchieren, bis sie kräftiggrün und gerade weich sind. Abtropfen lassen und beiseite stellen.

2 Zur Zubereitung des Dressings alle Zutaten in einer kleinen Schüssel gut vermischen. Den Salat warm oder kalt servieren. Das Dressing erst 5 Min. vor dem Servieren darübergießen, weil sich andernfalls das Gemüse verfärbt.

Neue Kartoffeln halbieren und Bohnen schräg durchschneiden.

Kartoffeln in einem Topf mit Wasser garen, bis sie weich, aber noch fest sind.

Bohnen 2 Min. in kochendem Wasser blanchieren, dann abtropfen lassen.

Alle Zutaten für das Dressing in einer kleinen Schüssel verschlagen.

Auberginen-Zucchini-Salat

Vorbereitungszeit: 25 Min.
Kochzeit: 6 Min.
Für 6 Personen

2 kleine Auberginen, längs halbiert
3 kleine Zucchini
2 EL Olivenöl
1/2 Bund gehackter frischer Koriander
1 EL Zitronensaft
1 EL Orangensaft
1/2 TL gemahlener Pfeffer

1 Die Auberginen in dünne Scheiben schneiden. Mit Salz bestreut 15–20 Min. stehenlassen.

2 Mit einem Sparschäler Zucchini längs in dünne Scheiben schneiden. Beiseite stellen. Auberginenscheiben waschen und mit Küchenpapier trockentupfen. Auf beiden Seiten dünn mit Olivenöl bepinseln und auf ein Backblech legen.

3 Für etwa 3 Min. unter den vorgeheizten Grill legen, bis die Scheiben auf beiden Seiten leicht gebräunt sind. Zum Abkühlen beiseite stellen.

4 Auberginen- und Zucchinischeiben, Öl, Koriander, Saft und Pfeffer in eine Schüssel geben und gut durchheben. Salat als Vorspeise oder als Beilage zu einem Hauptgericht servieren.

Auberginenscheiben in einem Durchschlag mit Salz bestreuen und stehen lassen.

Zucchini mit einem Sparschäler in lange, dünne Scheiben schneiden.

Die leicht geölten Auberginenstücke auf jeder Seite 3 Min. bräunen.

Aubergine, Zucchini, Öl, Koriander, Saft und Peffer vermischen.

Spinat-Bohnen-Salat

Vorbereitungszeit: 15 Min.
Kochzeit: 2 Min.
Für 4 Personen

30 Spinatblätter
250 g junge grüne Bohnen, in drei Stücke geschnitten
1/2 mittelgroße Zwiebel, in dünne Scheiben geschnitten
70 g Naturjoghurt
1 EL Zitronensaft
1 EL in feine Streifen geschnittene frische Minze
60 g gebackte Walnüsse, geröstet
frische Minzeblätter zum Garnieren
rote Paprikalocken zum Garnieren

1 Die Spinatblätter mehrmals in kaltem Wasser waschen. Spinat und Bohnen getrennt etwa 2 Min. in Wasser kochen, bis sie kräftiggrün sind. Abtropfen und abkühlen lassen.
2 Spinat, Bohnen und Zwiebelscheiben auf einer Servierplatte anrichten. Joghurt, Zitronensaft und Minze in einer kleinen Schüssel gut vermischen und über die Gemüse geben. Den Salat mit den Walnüssen bestreuen und mit Minzeblättern und Paprikalocken garnieren. Als leichte Mahlzeit mit Pitta-Brot servieren.

Bohnen in Stücke schneiden, Zwiebeln längs in dünne Scheiben.

Den Spinat etwa 2 Min. in kochendem Wasser garen, bis er kräftiggrün ist.

Für das Dressing Joghurt, Zitronensaft und Minze in einer Schüssel vermischen.

Paprika in dünne Streifen schneiden und in Eiswasser legen, damit sie sich rollen.

Okraschoten mit Zwiebeln und Tomaten

Vorbereitungszeit:
10 Min. + 4 Std. Einweichzeit
Kochzeit:
ca. 60 Min.
Für 4 Personen

250 g Kichererbsen
750 ml Wasser
1 EL Olivenöl
8 Perlzwiebeln
2 Knoblauchzehen, zerdrückt
4 mittelgroße Tomaten, abgezogen und gehackt
1 EL Zitronensaft
350 ml Tomatensaft
2 EL Rotwein (nach Belieben)
500 g Okraschoten oder 2 Dosen Okraschoten (je 375 g), abgetropft
1 EL gehackter frischer Oregano
1 TL gemahlener Pfeffer

1 Kichererbsen 4 Std. oder über Nacht in Wasser einweichen. Abtropfen lassen. Das Öl in einem mittelgroßen Topf erhitzen. Zwiebel und Knoblauch hinzufügen und bei mittelstarker Hitze etwa 4 Min. goldbraun braten. Tomaten, Kichererbsen, Zitronen- und Tomatensaft sowie Wein dazugeben und die Zutaten zugedeckt 40 Min. köcheln lassen.

2 Okraschoten hinzufügen und alles noch einmal 20 Min. köcheln lassen. Okra aus der Dose erst 5 Min. vor Ende der Garzeit zu der Tomatenmischung geben.

3 Oregano und Pfeffer unterrühren. Mit Reis als Hauptmahlzeit servieren oder als Beilage zu einem Fleischgericht.

Hinweis: Nach dem Waschen sollte man vom Stiel am oberen Ende der Okraschoten eine dünne Schicht Schale entfernen. Damit sie während des Kochens nicht schleimig werden, schwenkt man Okra im Nahen Osten oft in Essig (auf 500 g 100 ml verwenden), stellt sie für 30 Min. beiseite und wäscht sie vor dem Garen. Falls keine Okraschoten erhältlich sind, ersetzt man sie durch Kürbis oder Zucchini.

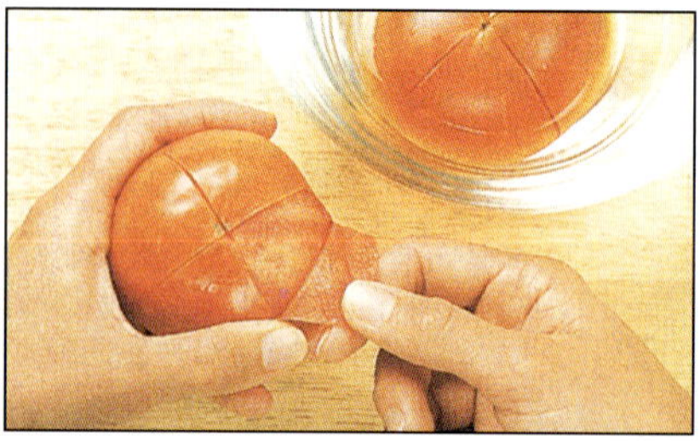

Tomaten mit kochendem Wasser übergießen, in kaltes Wasser legen und dann abziehen.

Tomaten, Kichererbsen, Zitronensaft, Tomatensaft und Wein vermischen.

Die Okraschoten in den Topf geben, gut untermischen und 20 Min. köcheln lassen.

In letzter Minute gehackten frischen Koriander und Pfeffer unterrühren.

Pitta-Brot

Man kann auch Vollkornmehl verwenden.

Vorbereitungszeit:
10 Min. +
40 Min. zum Gehen
Kochzeit:
6–8 Min.
Ergibt 12 Stück

1 Päckchen Trockenhefe
350 ml lauwarmes Wasser
1 TL Zucker
450 g Mehl
2 EL Olivenöl

1 Hefe, Wasser und Zucker in eine mittelgroße Schüssel geben. Für 5 Min. an einen warmen Platz stellen, bis sich Bläschen bilden.

2 Mehl, Hefemischung und Öl in die Küchenmaschine geben und das Gerät 30 Sek. laufen lassen, bis eine Teigkugel entstanden ist. Falls keine Küchenmaschine vorhanden ist, die Zutaten in eine Schüssel geben und mit einem Holzlöffel oder den Händen zu einem glatten Teig verarbeiten.

3 Den Teig auf ein gut bemehltes Brett setzen und kneten, bis er sich glatt und elastisch anfühlt. Den Teig in eine sorgfältig geölte Schüssel legen, mit Klarsichtfolie abdecken und ein sauberes Küchentuch darüberlegen. Die Schüssel für 20 Min. an einen warmen Platz stellen, bis der Teig sein Volumen beinahe verdoppelt hat.

4 Den Teig noch einmal durchkneten und in zwölf Stücke gleicher Größe teilen. Jedes Stück zu einem 5 mm dicken Fladen ausrollen. Die Fladen auf gefettete Backbleche legen und gut mit Wasser bestreichen. Noch einmal 20 Min. gehen lassen.
Den Backofen auf 250 °C (Gasherd Stufe 6) vorheizen.

5 Falls die Fladen austrocknen, noch einmal mit Wasser bestreichen. Die Fladen 4–5 Min. backen. Pitta-Brot sollte weich und hell, leicht aufgebläht und innen hohl sein.
Warm mit Kebab oder Falafel essen oder auf Kuchengittern auskühlen lassen und zu Salat servieren.

Hefe, Wasser und Zucker vermischen und stehen lassen, bis sich Bläschen bilden.

Mehl, Öl und Hefe in der Küchenmaschine rühren, bis sich eine Teigkugel bildet.

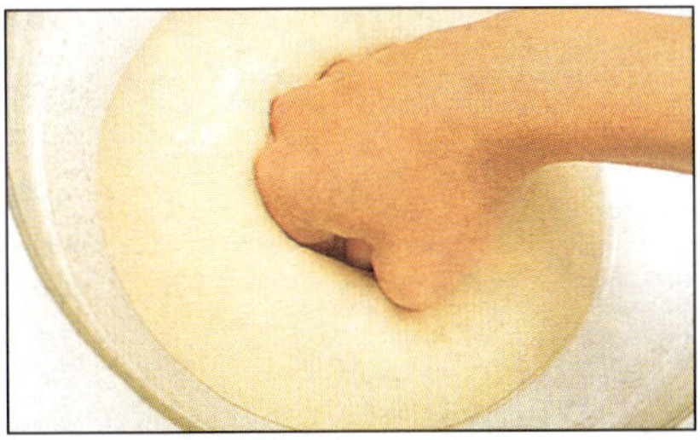

Den gegangenen Teig noch einmal durchkneten und in zwölf Stücke teilen.

Jedes Stück zu einem 5 mm dicken Fladen ausrollen und auf ein Blech legen.

HUHN UND FISCH

Libanesische Gerichte aus Hühnerfleisch und Fisch sind leicht und frisch. Als Aromazutaten werden am häufigsten Zitrone, Limette und frische Kräuter verwendet.

Hähnchenbrust mit Knoblauch und Joghurt

Vorbereitungszeit: 10 Min.
Kochzeit: 8 Min.
Für 4 Personen

4 Hähnchenbrustfilets

MARINADE:
150 ml Naturjoghurt
1 TL edelsüßer Paprika
1 TL Piment
2 TL gemahlener schwarzer Pfeffer
3 Knoblauchzehen, zerdrückt
eine Prise Cayennepfeffer

1 Die Zutaten der Marinade in einer Schüssel vermischen. Die Filets auf den kalten, leicht geölten Grill legen und mit Marinade bestreichen.

2 Das Fleisch bei mittelstarker Hitze etwa 6 Min. grillen, bis es dunkelbraun und knusprig ist. Drehen, die andere Seite bestreichen und ebenfalls bräunen. Mit Salat servieren.

Knoblauch und Salz mit der Seite einer Messerschneide zerdrücken.

Für die Marinade Joghurt und Gewürze in einer kleinen Rührschüssel vermischen.

Die Hähnchenbrust auf den Grill legen und mit Marinade bestreichen.

Das Fleisch umdrehen, mit Marinade bestreichen und wiederum knusprig grillen.

Hähnchenbrust mit Limette

Frisch und gesund.

Vorbereitungszeit:
15 Min. + Marinierzeit
Kochzeit:
5 – 10 Min.
Für 4 bis 6 Personen

4 Hähnchenbrustfilets
2 EL Olivenöl

MARINADE:
3 EL Limettensaft
1 TL gemahlener Koriander
1 TL gemahlener Kreuzkümmel
1/2 TL Kurkuma
1 EL gehackte frische Minze

1 Das Fleisch in 1,5 cm breite Streifen schneiden. Für die Marinade die Zutaten in einer kleinen Schüssel vermischen. Das Fleisch hineingeben, mit Klarsichtfolie abgedeckt für mehrere Std. in den Kühlschrank stellen, gelegentlich drehen.
Das Fleisch abtropfen lassen, die Marinade aufbewahren.

2 Das Olivenöl in einer mittelgroßen Pfanne erhitzen und das Fleisch bei mittelhoher Temperatur etwa 5 bis 10 Min. braten, bis es leicht gebräunt und weich ist. Die aufbewahrte Marinade hineinrühren.

3 Das Fleisch mit Hummus in Pitta-Brot servieren.

Fleisch von Fett und Sehnen befreien und in 1,5 cm breite Streifen schneiden.

Für die Marinade Limettensaft, Koriander, Kreuzkümmel, Kurkuma und Minze vermischen.

Nach dem Marinieren das Fleisch abtropfen lassen und zum heißen Öl in die Pfanne geben.

Das Fleisch braten, bis es durch ist, dann die aufbewahrte Marinade unterrühren.

Huhn mit Honig und Minze

Vorbereitungszeit: 15 Min.
Kochzeit: 1 Std.
Für 4–6 Personen

1 Poularde (1,6 kg schwer)
2 Knoblauchzehen, zerdrückt
2 EL feingehackte Minze
60 g Butter
Saft von 1 Zitrone
60 ml Honig
350 ml Wasser
kandierter Ingwer zum Garnieren
gehackte Mandeln zum Garnieren

1 Backofen auf 180 °C (Gasherd Stufe 2–3) vorheizen. Das Huhn von überflüssigem Fett befreien, waschen und mit Küchenpapier trockentupfen.

2 Knoblauch und Minze vermischen und unter die Haut des Huhns schieben. Butter, Zitronensaft und Honig verrühren und erhitzen.

3 Das Huhn rundum mit der Honigmischung bestreichen. Flügel und Schenkel fest zusammenbinden. Auf einem Rost in eine ofenfeste Form legen. Wasser hineingießen.

4 Das Huhn etwa 1 Std. braten, bis es goldbraun ist, dabei zwischendurch mit der Honigmischung bestreichen. Mit kandiertem Ingwer und Mandeln servieren.

Minze und Knoblauch mischen und die Mischung behutsam unter die Haut des Huhns schieben.

Butter, Zitronensaft und Honig erhitzen und das Huhn mit dieser Mischung bestreichen.

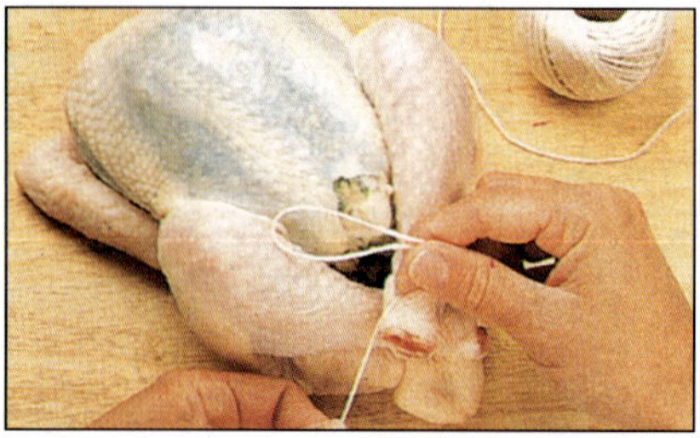

Mit Küchengarn Flügel und Beine fest zusammenbinden.

Das Huhn 1 Std. braten, zwischendurch ab und zu mit der Honigmischung bestreichen.

Fisch-Kebab mit Kreuzkümmel

Vorbereitungszeit:
10 Min.
Kochzeit:
5–6 Min.
Für 4 Personen

750 g festes weißfleischiges Fischfilet

MARINADE:
2 EL Olivenöl
1 Knoblauchzehe, zerdrückt
1 EL gebackter Koriander
2 TL gemahlener Kreuzkümmel
1 TL gemahlener Pfeffer

1 Die Fischfilets in 3 cm große Würfel schneiden, auf geölte Spieße stecken und beiseite stellen.
2 Zur Zubereitung der Marinade Öl, Knoblauch, Koriander, Kreuzkümmel und Pfeffer vermischen. Den Fisch mit Marinade bestreichen, mit Klarsichtfolie abdecken und für mehrere Std. oder über Nacht in den Kühlschrank stellen, zwischendurch gelegentlich drehen. Abtropfen lassen, die Marinade aufbewahren.
3 Die Spieße auf den kalten, leicht geölten Grill legen und bei mittelstarker Hitze 5–6 Min. garen, bis sie durch sind zwischendurch einmal drehen und mehrmals mit der aufbewahrten Marinade bestreichen. Mit Pitta-Brot und Gemüse der Saison servieren.

Filets von festem, magerem Fisch in 3 cm große Würfel schneiden.

Spieße in Öl legen, dann die Fischwürfel daraufstecken.

Für die Marinade Öl, Knoblauch, Koriander, Kreuzkümmel und Pfeffer vermischen.

Die Spieße grillen, zwischendurch ab und zu mit aufbewahrter Marinade bestreichen.

Fischfilet mit Pinienkernsauce

Vorbereitungszeit: 15 Min.
Kochzeit: 10–15 Min.
Für 4 Personen

PINIENKERNSAUCE:
200 g Pinienkerne, geröstet
2 Scheiben Vollkorntoast
1 Knoblauchzehe
1 EL Zitronensaft
250 ml Fisch- oder Hühnerbrühe
1 EL gehackte Petersilie
1 EL Butter
Schale von 1 unbehandelten Zitrone, in dünne Streifen geschnitten
4 Filets von weißfleischigem Fisch

1 Zur Herstellung der Sauce Pinienkerne, Brot, Knoblauch, Zitronensaft und Brühe in der Küchenmaschine etwa 30 Sek. glattpürieren. In einen kleinen Topf geben und die Petersilie hineinrühren. Die Sauce erhitzen und nötigenfalls noch mit etwas Brühe verdünnen.

2 Butter und Zitronenzesten in einer mittelgroßen Pfanne erhitzen. Fischfilets hineinlegen und bei mittlerer Temperatur auf jeder Seite 2 Min. braten.

3 Mit der Pinienkernsauce und grünem Salat servieren.

Für die Sauce Pinienkerne, Brot, Knoblauch, Zitronensaft und Brühe pürieren.

Die Sauce in einen kleinen Topf geben und Petersilie zugeben, dann behutsam erhitzen.

Butter und in schmale Streifen geschnittene Zitronenschale in einer Pfanne erhitzen.

Filets von weißfleischigem Fisch zufügen und auf jeder Seite 2 Min. braten.

Fisch mit Tahin-Chili-Sauce

Vorbereitungszeit:
10 Min.
Kochzeit:
30 Min.
Für 4 Personen

2 Schnapper (jeweils 500 g schwer)
1 EL geriebene frische Ingwerwurzel
2 TL edelsüßer Paprika
2 Zwiebeln, in Scheiben geschnitten
60 ml Wasser

TAHIN-CHILI-SAUCE:
100 g Tahin
1 EL Honig
80 ml Zitronensaft
100 ml Wasser
1/2 TL Chilisauce

1 Backofen auf 180 °C (Gasherd Stufe 2–3) vorheizen. Die Fische auf beiden Seiten rautenförmig einschneiden. Mit dem Ingwer einreiben und mit Paprika bestreuen.
2 Die Hälfte der Zwiebeln in eine gefettete ofenfeste Form geben. Die Fische darauflegen und mit den restlichen Zwiebeln bedecken. Das Wasser dazugießen, die Form abdecken und die Fische 30 Min. braten, bis sich das Fleisch mit einer Gabel zerblättern läßt.
3 Zur Zubereitung der Tahin-Chili-Sauce die Zutaten erhitzen. Die Fische aus der Form nehmen und mit der Sauce servieren.

Fische auf beiden Seiten mit einem scharfen Messer rautenförmig einschneiden.

Zwiebeln in eine Form geben, die Fische darauflegen und mit den übrigen Zwiebeln bedecken.

Fische etwa 30 Min. im Backofen garen, bis sich das Fleisch zerblättern läßt.

Tahin, Honig, Zitronensaft, Wasser und Chilisauce in einem Topf vermischen.

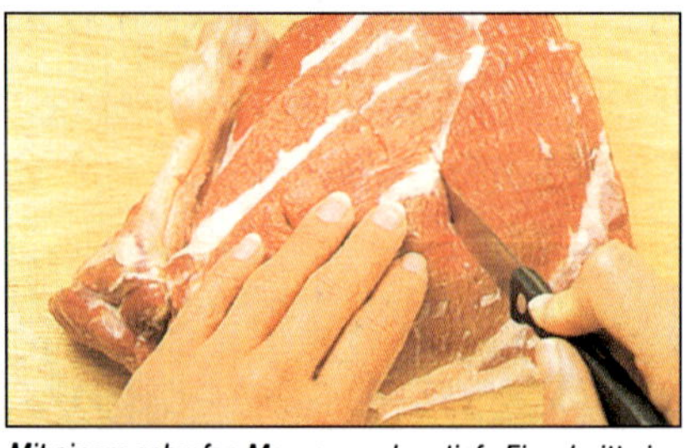

Mit einem scharfen Messer rundum tiefe Einschnitte in das Fleisch machen.

In jeden Einschnitt eine Scheibe Knoblauch und ein Stück Zitronenschale stecken.

LAMM, RIND UND KALB

Die Libanesen essen besonders gern Lamm, das auf phantasievolle Weisen zubereitet wird. Rindfleisch verwendet man seltener – zumeist zu Fleischbällchen geformt oder geschmort.

Lammbraten mit Zitrone und Koriander

Vorbereitungszeit: 15 Min.
Kochzeit: 80 Min.
Für 4–6 Personen

1,8 kg Lammkeule
2 Knoblauchzehen, in Scheiben geschnitten
Schale von 1 unbehandelten Zitrone, in 1 cm große Stücke geschnitten
2 EL Olivenöl
1/2 Bund gehackter frischer Koriander
1/2 Bund gehackte frische Petersilie
1 TL gemahlener schwarzer Pfeffer
1 Becher Wasser

1 Backofen auf 180 °C (Gasherd Stufe 2–3) vorheizen. Die Lammkeule parieren. Mit einem scharfen Messer tiefe Einschnitte in das Fleisch machen und in jeden eine Scheibe Knoblauch und ein Stück Zitronenschale stecken.

2 Koriander, Petersilie, Pfeffer und Öl vermischen. Das Fleisch mit der Kräutermischung überziehen und auf einen Rost in eine ofenfeste Form legen. Wasser in die Form gießen.

3 Die Keule etwa 80 Min. im Backofen braten oder so lange wie gewünscht. Falls notwendig, noch etwas Wasser in die Form gießen.

4 Das Fleisch in Scheiben geschnitten mit Bratensaft und Gemüse der Saison servieren.

Hinweis: Frischer Koriander ist ein Kraut mit einem intensiven Geschmack, das nicht durch getrockneten Koriander ersetzt werden kann, der ein ganz anderes Aroma hat. Das Wasser wird in die Form gegeben, um das Fleisch feucht zu halten und zu verhindern, daß der Bratensaft verbrennt.

Koriander, Petersilie, Pfeffer und Öl vermischen und auf das Fleisch geben.

Falls die Form während des Garens trocken wird, weiteres Wasser hineingießen.

Auberginen-Lamm-Auflauf

Vorbereitungszeit: 30 Min.
Kochzeit: 20–25 Min.
Für 6 Personen

2 Auberginen, längs in dicke Scheiben geschnitten
2 TL Olivenöl
2 mittelgroße Zwiebeln, in dünnen Scheiben
1 kg gehacktes Lammfleisch
1 TL Piment
2 TL getrocknete Minzeblätter
2 EL Ingwermarmelade
2 EL Tomatenmark
90 g Korinthen
350 g gegarter Langkornreis
200 g geriebener Cheddar

1 Backofen auf 180 °C (Gasherd Stufe 2–3) vorheizen. Eine tiefe, ofenfeste Form einfetten. Die Auberginen in einen Durchschlag legen, mit Salz bestreuen und 20 Min. stehen lassen. Dann unter fließendem kaltem Wasser abspülen und mit Küchenpapier trockentupfen.

2 Das Öl in einer mittelgroßen Pfanne erhitzen. Die Zwiebeln hinzufügen und bei mittlerer Temperatur bräunen. Das Lammfleisch dazugeben und 10 Min. bei mittelstarker Hitze braten, bis es gut gebräunt und fast die gesamte Flüssigkeit verdampft ist. Große Fleischklumpen während des Bratens zerkleinern.

3 Piment, Minze, Marmelade, Tomatenmark und Korinthen zugeben und 2 Min. braten. Die Pfanne von der Kochstelle nehmen.

4 Die Hälfte der Auberginenscheiben in die vorbereitete Form legen. Die Hälfte des Hackfleischs daraufgeben, dann die halbe Menge Reis. Die Hälfte des Käses darüberstreuen und restliche Auberginen, Hackfleisch und Reis einschichten.

5 Die Form abdecken und für etwa 20 Min. in den Backofen stellen, bis der Auflauf heiß ist. Herausnehmen und mit dem verbliebenen Käse bestreuen. Etwa 2 Min. unter den vorgeheizten Grill setzen, bis der Käse geschmolzen ist.

Das Fleisch zu den Zwiebeln geben und bräunen. Klumpen mit der Gabel zerteilen.

Piment, Minze, Marmelade, Tomatenmark und Korinthen zugeben.

Die Hälfte der Auberginenscheiben in die Form legen und die Hälfte des Fleischs daraufgeben.

Halbe Menge Reis verteilen und mit der Hälfte vom Käse bestreuen. Wiederholen.

Pikantes Lamm in Pitta-Brot

Ideal für Picknicks.

Vorbereitungszeit:
10 Min. +
2 Std. Marinierzeit
Kochzeit:
10 Min.
Für 6 Personen

MARINADE:
2 Knoblauchzehen, zerdrückt
2 TL Zwiebelpulver
2 TL geriebene frische Ingwerwurzel
1 TL gemahlener Pfeffer
1 EL feingehackter frischer Koriander
150 ml Rotwein

2 Lammlendchen
2 TL Olivenöl
4 große Pitta-Brote
2 mittelgroße Tomaten, in Scheiben geschnitten
Tabbouleh zum Servieren
Hummus zum Servieren

1 Alle Zutaten für die Marinade vermischen. Überflüssiges Fett und Sehnen vom Fleisch entfernen. Das Fleisch in die Marinade geben, sorgfältig überziehen und abgedeckt für mehrere Std. kühlstellen, gelegentlich drehen. Abtropfen lassen, die Marinade zurückstellen.

2 Das Öl in einer mittelgroßen Pfanne erhitzen und die Lendchen hineinlegen. Bei mittelhoher Temperatur auf jeder Seite 5 Min. braten. Während der letzten 3 Min. die aufbewahrte Marinade dazugeben und bei starker Hitze auf 2 EL einkochen lassen. Das Fleisch in dünne Scheiben schneiden.

3 Die Fleischscheiben auf das erhitzte aufgeschnittene Pitta-Brot legen und Tomatenscheiben, Hummus und Tabbouleh daraufgeben. Das Brot um die Füllung aufrollen und sofort servieren.

TIP
Zwiebelpulver ist in den meisten Supermärkten im Gewürzregal zu finden. Falls es nicht zur Verfügung steht, kann als Ersatz geriebene frische Zwiebel verwendet werden.

Mit einem scharfen Messer überschüssiges Fett und Sehnen vom Fleisch entfernen.

Das Fleisch in der Marinade drehen und für mehrere Std. beiseite stellen.

Das abgetropfte Fleisch im Öl braten. Die Hitze erhöhen. Marinade zugeben und reduzieren.

Das Fleisch in dünne Scheiben schneiden und in warmem Pitta-Brot servieren.

Rindfleisch-Köfte

Auch mit Lamm möglich.

Vorbereitungszeit: 20 Min.
Kochzeit: 8 Min.
Für 6 Personen

60 g mittelfein geschroteter Bulgur
250 ml Wasser
750 g Rinderhackfleisch
1 kleine Zwiebel, gehackt
1 Knoblauchzehe, zerdrückt
1 TL gemahlener Kreuzkümmel
1/2 TL gemahlener Zimt
30 g Pinienkerne, gehackt
1 Ei, verquirlt
6 Pitta-Brote zum Servieren
Tabbouleh zum Servieren

1 Den Bulgur 30 Min. in Wasser einweichen. Abtropfen lassen und überschüssige Flüssigkeit herausdrücken. Mit den anderen Zutaten in einer mittelgroßen Schüssel vermischen. Die Fleischmasse in zwölf Portionen teilen.

2 Jede Portion zu einer Wurst rollen und einen Metallspieß durch die Mitte stecken.

3 Die Köfte auf den kalten, leicht geölten Grill legen. Bei mittelstarker Hitze 8 Min. grillen, bis sie braun und durch sind, zwischendurch immer wieder drehen.

4 Mit Tabbouleh in Pitta-Brot servieren.

Eingeweichten und abgetropften Bulgur mit den anderen Zutaten vermischen.

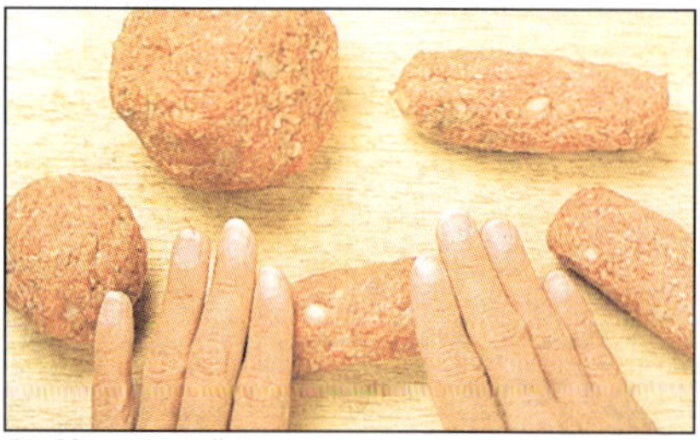

Die Masse in zwölf Portionen teilen und diese zu Würsten rollen.

Behutsam Metallspieße durch die Mitte stecken.

Köfte bei mittelstarker Hitze grillen, bis sie gar sind, dabei regelmäßig drehen.

Rindfleisch-Okra-Topf

Vorbereitungszeit: 10 Min.
Kochzeit: 1 Std.
Für 6 Personen

2 TL Olivenöl
2 mittelgroße Zwiebeln, in Achtel geschnitten
1 kg Rindfleisch aus der Schulter, pariert und in 2 cm große Würfel geschnitten
80 ml Rotwein
2 EL Tomatenmark
1 EL gehackter frischer Koriander
8 kleine Kartoffeln, geviertelt
500 ml Rinderbrühe
1/2 Bund gehackte frische Petersilie
350 g frische Okraschoten oder 2 Dosen (je 375 g), gewaschen und abgetropft

1 Das Öl in einem schweren Topf erhitzen. Die Zwiebeln zufügen und bei mittelstarker Hitze braten, bis sie gut gebräunt sind. Das Fleisch portionsweise 2–3 Min. unter Rühren garen, bis es rundum gebräunt ist. Wenn das gesamte Fleisch angebraten ist, alle Stücke wieder in den Topf geben.

2 Wein, Tomatenmark und Koriander hinzufügen und die Zutaten zugedeckt 35 Min. köcheln lassen. Kartoffeln und Rinderbrühe dazugeben und alles weitere 15 Min. ohne Deckel köcheln lassen.

3 Petersilie und Okraschoten hineinrühren und 10 Min. köcheln lassen. Okra aus der Dose 5 Min. vor Ende der Garzeit hinzufügen.

4 Den Eintopf mit Brot und Reis oder weiterem Gemüse servieren.

Hinweis: Falls Okraschoten nicht zur Verfügung stehen, als Ersatz in 3 cm lange Stücke geschnittenen Kürbis oder Zucchini verwenden. Zur Zubereitung frischer Okra den konischen Stiel dünn schälen. Die Schoten mit Essig beträufeln und 30 Min. stehen lassen, dann waschen und zurückstellen. Okras schmecken köstlich, sind aber ein wenig schleimig. Der Essig reduziert den Schleim und macht sie knackiger.

Das Fleisch in kleinen Portionen zu den Zwiebeln geben und gut bräunen.

Wein, Tomatenmark und Koriander zum Fleisch in den Topf geben.

Geviertelte Kartoffeln und Brühe hinzufügen und 15 Min. köcheln lassen.

Petersilie und Okraschoten dazugeben, gut durchrühren und 10 Min. köcheln lassen.

Fleischbällchen in Joghurtsauce

Vorbereitungszeit: 20 Min.
Kochzeit: 15 Min.
Für 4 Personen

750 g Rinderhackfleisch
1 mittelgroße Zwiebel, feingehackt
1 EL gehackter frischer Dill
$^1/_2$ TL gemahlener Kardamom
1 TL gemahlener Kreuzkümmel
2 EL Olivenöl

JOGHURTSAUCE:
500 ml Naturjoghurt
1 EL Maisstärke, mit 1 EL Wasser verrührt
2 EL frische Korianderblätter
1 TL Kreuzkümmelsamen

1 Hackfleisch, Zwiebel, Dill, Kardamom und Kreuzkümmel in einer mittelgroßen Schüssel vermischen. Die Masse eßlöffelweise zu Bällchen formen.

2 Das Öl in einer schweren Pfanne erhitzen und die Fleischbällchen hineingeben. Bei mittelhoher Temperatur 5–10 Min. braten, dabei häufig drehen, um sie rundum zu bräunen. Auf Küchenpapier abtropfen lassen und beiseite stellen.

3 Zur Zubereitung der Sauce Joghurt und angerührte Maisstärke in einen großen Topf geben und glattrühren. Unter ständigem Rühren etwa 5 Min. köcheln lassen, bis der Joghurt dick wird. Die zugefügte Maisstärke verhindert, daß er gerinnt.

4 Die Fleischbällchen zur Joghurtsauce zufügen und noch einmal etwa 5 Min. köcheln lassen, bis sie heiß sind. Korianderblätter und Kreuzkümmelsamen hineinrühren. Die Fleischbällchen mit Zwiebelsalat oder in warmem Pitta-Brot servieren.

Hinweis: Diese Fleischbällchen können auch mit gehacktem magerem Lammfleisch zubereitet werden. In diesem Fall ersetzt man die Korianderblätter in der Joghurtsauce durch frische Minze.

Alle Zutaten in einer Schüssel vermischen und mit den Händen zu Bällchen formen.

Die Bällchen in Öl braten und immer wieder drehen, bis sie rundum gebräunt sind.

Die Joghurtsauce 5 Min. köcheln lassen, bis sie eingedickt ist.

Fleischbällchen in die Sauce geben und Koriander und Kreuzkümmelsamen hineinrühren.

Kalbsschulter mit pikanter Füllung

Vorbereitungszeit: 15 Min.
Kochzeit: 1 Std. 30 Min.
Für 6 Personen

2 kg Kalbsschulter, entbeint
1 EL Olivenöl

FÜLLUNG:
2 TL Olivenöl
6 Frühlingszwiebeln, feingehackt
500 g gehacktes Hühnerfleisch
60 g frische Vollkornbrotkrumen
1 TL geriebene frische Ingwerwurzel
2 rote Chilischoten, entkernt und gehackt
2 Eier, leicht verquirlt
40 g gehackte Pekannüsse
1/2 TL gemahlener schwarzer Pfeffer
1/4 TL Paprika
1/2 TL gemahlener Koriander
weiteres Olivenöl

1 Backofen auf 180 °C (Gasherd Stufe 2–3) vorheizen. Fett und Sehnen vom Fleisch entfernen. Die Schulter aufgeklappt auf ein Brett legen und dickere Teile flachklopfen.

2 Zur Herstellung der Füllung das Öl in einer schweren Pfanne erhitzen. Zwiebeln und gehacktes Hühnerfleisch hinzufügen und bei mittlerer Hitze 4 Min. bräunen. Klumpen mit einer Gabel zerteilen.

3 Von der Kochstelle nehmen und die restlichen Zutaten mit Ausnahme des zusätzlichen Olivenöls zufügen.
Die Mischung in die Küchenmaschine geben und etwa 30 Sek. pürieren, bis eine recht glatte Masse entstanden ist. Auf das Fleisch streichen. Das Fleisch aufrollen und mit Küchengarn fest zusammenbinden. Gut mit Olivenöl bestreichen und auf einem Rost in eine ofenfeste Form legen.
350 ml Wasser in die Form gießen.

4 90 Min. braten oder nach Belieben. Falls notwendig, noch Wasser hinzufügen und Fett abschöpfen. Mit dem Bratensaft servieren.

Das Hackfleisch bräunen, dabei Klumpen mit einer Gabel zerteilen.

Die restlichen Zutaten für die Füllung hinzufügen und gut durchrühren.

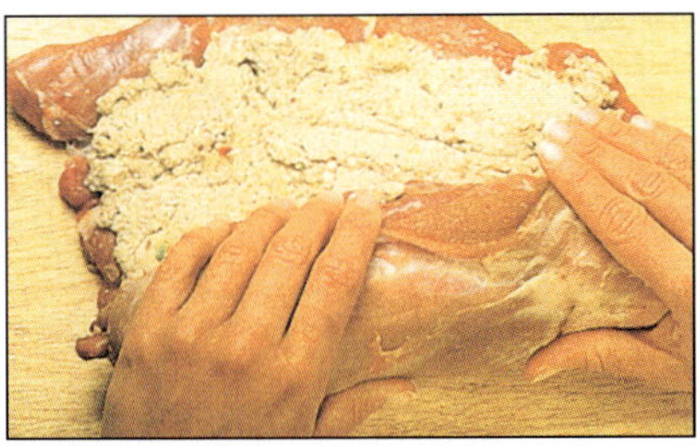

Füllmasse auf das Fleisch streichen. Das Fleisch aufrollen und mit Küchengarn zusammenbinden.

Das Kalbfleisch mit Olivenöl bestreichen, auf einen Rost legen und braten.

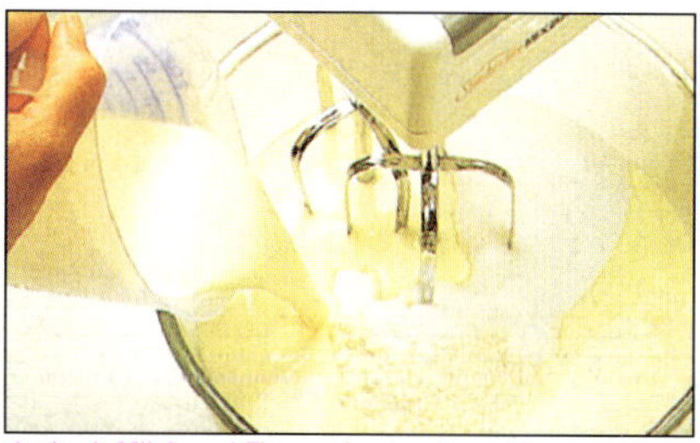

Joghurt, Milch und Eier zu den trockenen Zutaten in die Schüssel geben.

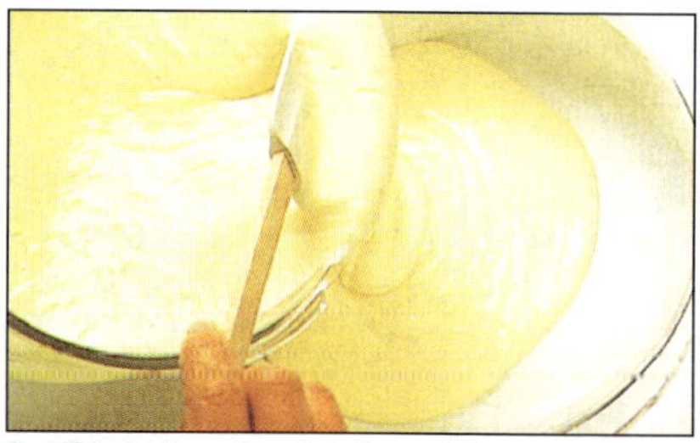

Den Teig in die vorbereitete Form gießen und 1 Std. backen.

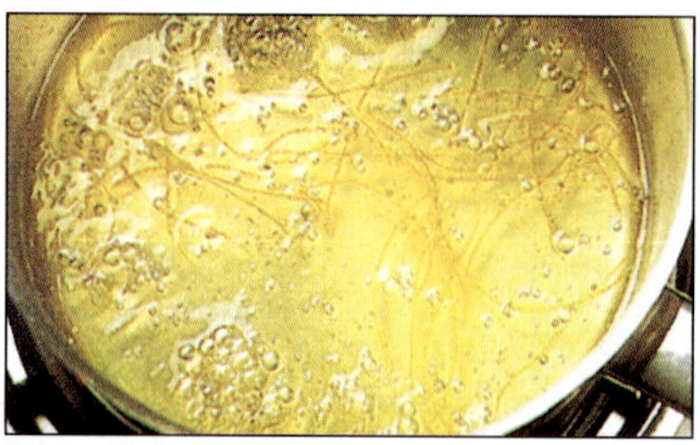

Zutaten für den Zitronensirup bei schwacher Hitze rühren, bis sich der Zucker auflöst.

Kuchen aus dem Backofen nehmen und sofort die Hälfte des Sirups darübergießen.

DESSERTS UND BACKWAREN

Die Libanesen mögen süße Desserts, die oft mit Rosenwasser oder Orangenblütenwasser parfümiert sind. Auch Honig und Nüsse werden häufig verwendet.

Joghurtkuchen mit Zitronensirup

Vorbereitungszeit: 20 Min.
Backzeit: 50–60 Min.
Für 8–10 Personen

300 g Mehl, gesiebt
2 1/2 TL Backpulver
250 g Zucker
250 ml Naturjoghurt
250 ml Milch
2 Eier, verquirlt

ZITRONENSIRUP:
300 g feiner Zucker
180 ml Wasser
Schale von 1 unbehandelten Zitrone, in dünne Streifen geschnitten
60 ml Zitronensaft
in Streifen geschnittene Zitronenschale zum Servieren
geschlagene Sahne zum Servieren

1 Backofen auf 180 °C (Gasherd Stufe 2–3) vorheizen. Eine 23 cm große Springform mit zerlassener Butter oder Öl auspinseln. Den Boden mit Papier abdecken und das Papier fetten. Mehl, Backpulver und Zucker in eine Rührschüssel geben. Joghurt, Milch und Eier vermischen und dazugießen. Mit dem Handrührgerät auf niedriger Stufe etwa 2 Min. schlagen, bis die Zutaten gut vermischt sind. Dann 5 Min. auf hoher Stufe schlagen, bis der Teig sein Volumen vergrößert hat und klumpenfrei ist.

2 Den Teig in die Backform füllen. 1 Std. backen, bis ein in die Mitte gestochener Spieß beim Herausziehen sauber ist. Den Kuchen aus dem Backofen nehmen und sofort die Hälfte des zubereiteten Zitronensirups darübergießen. 10 Min. stehenlassen, dann aus der Form nehmen und mit Zitronenschale verziert servieren, dazu restlichen Sirup und Sahne reichen.

3 Zur Herstellung des Sirups alle Zutaten in einen mittelgroßen Topf geben und bei schwacher Hitze rühren, bis sich der Zucker aufgelöst hat; nicht zum Kochen bringen. Den Sirup etwa 7 Min. köcheln lassen, bis er dick ist. Warm stellen. Die Schale vor dem Servieren herausnehmen.

Hinweis: Joghurtkuchen wird gewöhnlich warm serviert, kann aber auch kalt gegessen werden. Der Sirup hält sich in einem abgedeckten Gefäß im Kühlschrank gut. Mit Mineralwasser vermischt, ergibt er ein erfrischendes Getränk.

Backäpfel mit Rosenwasser

Vorbereitungszeit: 15 Min.
Backzeit: 20 Min.
Für 4 Personen

FÜLLUNG:
50 g gebackte kandierte Aprikosen
2 EL gebackter kandierter Ingwer
90 g Sultaninen
Schale von 1 unbehandelten Limette, in Streifen geschnitten

SIRUP:
250 g Zucker
500 ml Wasser
2 TL Rosenwasser
4 große grüne Äpfel, quer halbiert

1 Backofen auf 180 °C (Gasherd Stufe 2–3) vorheizen. Eine tiefe ofenfeste Form einfetten.

2 Die Zutaten der Füllung vermischen.

3 Für den Sirup Zucker, Wasser und Rosenwasser in einen Topf geben und bei schwacher Hitze rühren, bis sich der Zucker auflöst. 4 Min. köcheln lassen, dann in die vorbereitete Form gießen.

4 Die Kerngehäuse der Äpfel entfernen. Die Füllung auf die Äpfel verteilen, dann den Sirup darüberschöpfen. Die Äpfel abgedeckt 20 Min. backen, zwischendurch ab und zu mit Sirup begießen.

5 Mit Sahne servieren.

Den mit Rosenwasser aromatisierten Sirup in eine gefettete ofenfeste Form gießen.

Die Äpfel quer halbieren und die Kerngehäuse entfernen.

Einen Löffel Füllung in jeden Apfel geben.

Den Sirup über die Äpfel schöpfen. Während des Garens immer wieder mit Sirup befeuchten.

Pfannkuchen mit Orangensirup

Vorbereitungszeit: 20 Min.
Backzeit: 30 Min.
Für 6 Personen

PFANNKUCHEN:
250 g Mehl
$2^1/_2$ TL Backpulver
2 EL Zucker
350 ml Milch
100 ml Wasser
1 Ei, verquirlt

ORANGENSIRUP:
250 g feiner Zucker
200 ml Wasser
1 EL Zitronensaft
1 EL Orangenblütenwasser

1 Zur Zubereitung der Pfannkuchen Mehl, Backpulver und Zucker in eine mittelgroße Schüssel geben. In der Mitte eine Mulde machen. Milch, Wasser und Eier vermischen und langsam zufügen. Rühren, bis ein glatter Teig entstanden ist.

2 Die Mischung in einen Krug gießen, mit Klarsichtfolie abdecken und für etwa 15 Min. in den Kühlschrank stellen.

3 In eine leicht gefettete Crêpepfanne 2–3 EL Teig gießen. Die Pfanne drehen, um den Teig gleichmäßig zu verteilen.

4 Bei mittlerer Hitze etwa 3 Min. backen, bis die Unterseite goldbraun ist und oben Blasen erscheinen. Den Pfannkuchen drehen und die zweite Seite backen. Auf einen Teller gleiten lassen, mit einem Küchentuch abdekken und warm halten.

5 Den restlichen Teig verbrauchen, zwischendurch die Pfanne nötigenfalls neu fetten.

6 Zur Herstellung des Orangensirups Zucker, Wasser, Zitronensaft und Orangenblütenwasser in einem kleinen Topf vermischen. Bei schwacher Hitze rühren, bis die Mischung kocht und der Zucker sich aufgelöst hat. Die Hitze reduzieren und den Sirup ohne Rühren noch etwa 5 Min. köcheln lassen, bis er leicht eingedickt ist.

7 Von der Kochstelle nehmen und 2 Min. stehen lassen, bis er nicht mehr blubbert.

8 Die Pfannkuchen übereinander auf Tellern anrichten und den Sirup darübergießen.

Hinweis: Die Pfannkuchen können auch wie oben mit 300 ml geschlagener Sahne, unter die 40 g gehackte Pistazien gemischt wurden, serviert werden. Nicht mehr Rosenwasser als im Rezept angegeben verwenden, da es sonst zu stark durchschmeckt. Falls gewünscht, kann man Rosenwasser und Zitronensaft durch 2 EL frisch gepreßten Orangensaft ersetzen.

Die trockenen Zutaten vermischen, dann langsam Milch, Wasser und Eier zufügen.

2–3 EL Teig in die gefettete Pfanne geben und verteilen.

Wenn sich oben Bläschen bilden, den Pfannkuchen umdrehen und die zweite Seite backen.

Den Sirup in einem kleinen Topf köcheln lassen, bis er leicht eingedickt ist.

Walnußkekse

Mit Kaffee oder als Beilage zu Eis servieren.

Vorbereitungszeit: 10 Min. + 30 Min. ruhen
Backzeit: 15–20 Min.
Ergibt 28 Stück

200 g weiche Butter
100 g Zucker
2 EL Orangenblütenwasser
250 g Mehl, gesiebt

WALNUSSFÜLLUNG:
60 g Walnüsse, gebackt
60 g Zucker
1 TL Zimt

1 Backofen auf 160 °C (Gasherd Stufe 1–2) vorheizen. Ein Blech mit zerlassener Butter oder Öl fetten. Butterbrotpapier darauflegen und ebenfalls fetten.

2 Butter und Zucker in einer kleinen Schüssel schaumig schlagen. Die Masse in eine große Schüssel geben und mit einem Metallöffel Orangenblütenwasser und Mehl unterziehen, bis alle Zutaten gut vermischt sind. Mit den Händen kneten, um einen festen Teig herzustellen.

3 Für die Füllung alle Zutaten in einer mittelgroßen Schüssel sorgfältig vermischen. Je 1 gehäuften EL Teig zu einer Kugel rollen und mit dem Daumen in die Mitte eine Mulde drücken. 1 TL Füllung hineingeben. Die Kekse auf das Backblech setzen und behutsam etwas flachdrücken. Die Kekse 15–20 Min. backen, bis sie goldbraun sind.

4 Auf einem Kuchengitter auskühlen lassen. Nach dem Essen mit Kaffee servieren.

Hinweis: Orangenblütenwasser wird im gesamten Nahen Osten zum Aromatisieren von Sirup und Backwaren verwendet. Man bekommt es in Naturkostläden und griechischen Lebensmittelgeschäften.

Butter und Zucker mit dem Handrührgerät in einer Schüssel schaumig schlagen.

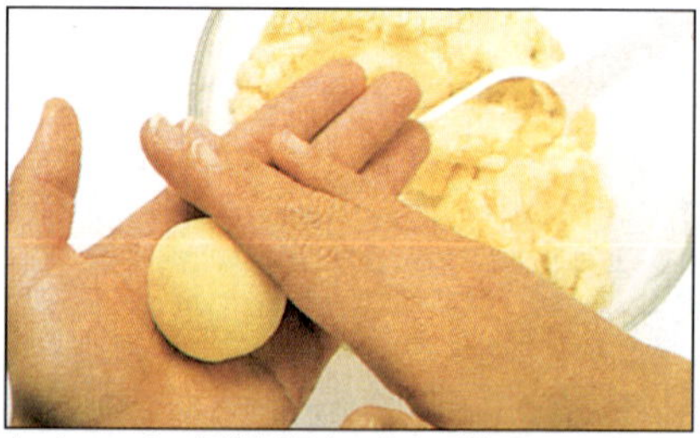

Je einen guten Eßlöffel Teig mit den Händen zu einer Kugel formen.

In die Mitte jeder Kugel eine Mulde drücken und Füllung hineingeben.

Die Kekse aus dem Backofen nehmen, wenn sie goldbraun sind, und auskühlen lassen.

REGISTER